NOTE

SUR

L'EMPRISONNEMENT CELLULAIRE

ET SUR

LES CAUSES

QUI ONT FAIT RENONCER A SON APPLICATION EXCLUSIVE EN FRANCE

SUIVIE DE LA

BIBLIOGRAPHIE DES PRISONS

Par LÉON VIDAL

Inspecteur-général des prisons, Chevalier de la Légion-d'Honneur.

PRIX : 2 FRANCS

PARIS

CHEZ LEDOYEN, LIBRAIRE

PALAIS-ROYAL, GALERIE D'ORLÉANS, 31

1853

NOTE

SUR

L'EMPRISONNEMENT CELLULAIRE

ET SUR

LES CAUSES

QUI ONT FAIT RENONCER A SON APPLICATION EXCLUSIVE EN FRANCE

Le gouvernement de l'Empereur a déclaré qu'il renonçait à l'application absolue du système de l'emprisonnement cellulaire. Cette déclaration est proclamée dans la circulaire de M. le ministre de l'intérieur du 17 août 1853, dont voici les passages principaux.

« Monsieur le Préfet, d'après les rapports annuels de l'Inspection générale et les derniers renseignements qui m'ont été transmis en réponse à ma circulaire du 4 mai dernier, la plupart des prisons départementales sont loin d'offrir les dispositions locales nécessaires pour l'exécution des prescriptions légales et réglementaires concernant la séparation des diverses catégories de détenus. Sur 396 maisons d'arrêt, de justice et de correction, il en est seulement 60, outre les prisons cellulaires, qui réalisent, à cet égard, le vœu de la loi ; dans 166, la séparation par quartiers est incomplète, et, dans 74, elle n'existe pas.

» Cependant vous n'ignorez pas, Monsieur le Préfet, que la morale et la discipline commandent d'éviter la promiscuité des détenus, et que l'état de choses actuel constitue une dérogation permanente aux articles 603 et 604 du Code d'instruction criminelle, relatifs aux prévenus, accusés et condamnés, à l'article 2 de la loi du 5 août 1850 sur les jeunes détenus, et aux articles 89 et 115 du règlement général du 30 octobre 1841.

» Les retards apportés par les administrations locales dans l'exécution des mesures nécessaires pour approprier les prisons à ces diverses prescriptions doivent être imputés aux circulaires du 2 octobre 1836, du 9 août 1841 et du 20 août 1849, qui repoussaient tout projet de réparation ou de reconstruction non conforme aux règles du système cellulaire. Les conditions dispendieuses qu'entraîne l'application de ce système, l'impossibilité absolue pour le plus grand nombre des départements d'y pourvoir avec leurs seules ressources ont fait ajourner des améliorations indispensables.

» Aujourd'hui, le Gouvernement renonce à l'application de ce régime d'emprisonnement pour s'en tenir à celui de la séparation par quartiers. Mais en donnant ainsi aux départements toute facilité de pourvoir, par des sacrifices limités, au besoin de ce service, l'Administration est fondée à exiger que, partout, il soit immédiatement procédé aux travaux nécessaires pour faire cesser une situation qui viole les lois et compromet les intérêts les plus graves. Il serait désirable que, dès cette année, des fonds pussent être votés pour mettre à exécution des plans de restauration, qui seront désormais admis sous la simple condition de réaliser la séparation des diverses classes de détenus. Il y aura lieu d'examiner si, dans un intérêt moral et disciplinaire, ces plans ne devront pas comprendre un certain nombre de chambre destinées à isoler quelques détenus à l'égard desquels des circonstances particulières peuvent nécessiter des mesures exceptionnelles.... »

Les paroles de M. le ministre de l'intérieur ne laissent aucun doute sur les intentions du Gouvernement. La renonciation au régime cellulaire absolu par le gouvernement est définitive. Les faits sur lesquelles cette décision est appuyée la justifient complétement.

Mais il importe d'aller plus loin encore dans les explications nécessitées par une aussi grave détermination, et d'exposer les motifs et les raisons de principe, et principalement d'expérience, qui la rendaient indispensable au moment où le ministère de l'intérieur, s'attachant avec sollicitude, sous une direction habile, ferme et active, à réaliser toutes les perfectionnements possibles dans les importants services qu'il comprend, fait participer l'administration pénitentiaire à ce grand mouvement de progrès, de réforme et d'amélioration.

Nous sommes loin de nous dissimuler la gravité de la décision qui nous occupe, et les résistances qu'elle peut soulever dans quelques esprits ; car le système de l'emprisonnement cellulaire avait jeté des racines vivantes, non dans les populations, mais dans un monde spécial, parmi la plupart des hommes qui, dans ces derniers temps, s'étaient plus particulièrement occupés des questions pénitentiaires et de leur application.

D'ailleurs ce système se recommandait à la morale par une idée, son seul mérite il est vrai, qui présentait, nous le reconnaissons, une haute importance sous le rapport social et pénitentiaire, la séparation des détenus, mais qui ne suffisait pas pour en compenser tous les inconvénients.

Examinons en effet avec attention les documents officiels, les rapports, les ouvrages recommandables des écrivains et des économistes qui se sont occupés de cette grande question sociale; partout nous ne retrouvons que cette pensée, cet objet, ce but éminemment moral sans doute, but qui, comme un brillant mirage, a séduit tant d'esprits, à l'efficacité duquel nous avons cru même un instant avant d'avoir pour nous l'expérience. Mais on ne pouvait atteindre ce but, imparfaitement et dans un temps sans limite appréciable, qu'en lui sacrifiant des millions, en faisant bon marché des principes sacrés de l'humanité, de la religion, du travail, de la légalité proportionnée à la faute, en ne tenant compte ni de la santé du prisonnier, ni des chances de folie et de suicide auxquelles on l'exposait, considérations sérieuses pourtant et qui, mises en balance avec les avantages de la séparation, ne la font pas pencher du côté de l'emprisonnement cellulaire.

Nous avons lu depuis quinze ans tout ce qui s'est publié sur cette question. Nous avons suivi toutes les discussions parlementaires, administratives, académiques, particulières dans lesquelles on l'a agitée; nous avons étudié les remarquables écrits de l'honorable M. Beranger, les rapports officiels de MM. Beaumont et Tocqueville, de MM. Demets et Blouet, de M. Moreau Christophe, de M. Remacle, et des autres publicistes chargés par le Gouvernement d'examiner des prisons étrangères; les livres, les brochures, les articles de revue et des journaux des publicistes et des magistrats les plus considérables de France et de l'étranger. Enfin nous en avons appelé de ces opinions à l'expérience et nous avons vu partout dominer ce but, professer cette doctrine, la séparation absolue des condamnés, l'isolement cellulaire comme base unique de leur amendement, de leur amélioration morale. Noble pensée, généreuse entreprise, mobile recommandable de tous les efforts qui se sont faits, auxquels nous rendons le plus profond hommage quand ils sont partis du cœur, de la conscience et non de l'esprit de système, de coterie, d'engouement périodique et d'entraînement! mais, disons-le avec conviction, illusion ruineuse et impossible à réaliser.

L'administration, qui avait tenté d'expérimenter le système cellulaire, qui avait déployé dans cette épreuve une ardeur, une ténacité dignes d'un meilleur résultat, en a vu elle-même l'inanité dangereuse, et elle y a renoncé solennellement par une déclaration ministérielle, inspirée et partie de si haut, qu'aucune pensée de retour n'est possible. Dans sa sagesse, le Gouvernement avait voulu auparavant s'assurer positivement de l'état des prisons départementales, et des causes réelles qui s'opposaient à ce que l'amélioration de leur situation, généralement déplorable, se fît par la reconstruction ou l'appropriation des bâtiments. Il avait reçu des renseignements desquels il résultait que ces causes provenaient surtout de l'impossibilité où étaient les départements d'appliquer les plans du régime cellulaire; il avait appris que sur 396 maisons d'arrêt, de justice et de correction, près de 250 étaient à reconstruire, à réparer, quelques-unes dans un état horrible, à faire honte à notre époque, telles que le moyen-âge nous les avait léguées, et que sur les 46 prisons cellulaires en activité, un grand nombre ne l'étaient dans la pratique qu'en apparence et de nom, uniquement par l'inscription trompeuse gravée sur leur fronton. Munie de tels renseignements, de cette conviction expérimentale, l'administration ne pouvait plus hésiter; elle a pris une détermination énergique, comme il convient à un pouvoir qui, connaissant la vérité, ne veut pas rester sous cette terrible responsabilité de la sacrifier à un système.

Certes, l'administration serait heureuse si elle pouvait obtenir par des moyens praticables la séparation des détenus entre eux et réaliser ainsi une pensée éminemment morale; mais elle a vu qu'ici le mieux est ennemi du bien, et en présence des obstacles immenses, des inconvénients matériels et intellectuels qui s'opposent à l'exécution de ce principe, il a été de son devoir d'y rénoncer, pour se renfermer dans ce qui est possible, dans ce qui est légal, dans la séparation par catégories et par quartiers.

Le régime cellulaire, importation étrangère, revenue dans ces derniers temps d'Amérique et d'Angleterre, n'a jamais été bien populaire en France. Les hommes impartiaux et les masses nationales en ont toujours vu les sérieux inconvénients, sans en découvrir les avantages. Il a fallu forcer et violenter l'esprit du pays pour lui faire adopter ce système qui lui répugnait, qui paraissait être en opposition radicale avec son caractère, avec sa religion, avec l'esprit et la lettre de ses lois, avec ses instincts d'humanité. Au milieu des théories qui surgissaient en 1790, l'Assemblée nationale avait trouvé celle de l'isolement et avait été excitée à établir une peine à peu près semblable au régime cellulaire, lorsque la philanthropie hasardeuse de son comité lui proposa, par l'organe de Lepelletier Saint-Fargeau, de remplacer toute l'ancienne pénalité par une peine unique, la privation de la liberté, formulée et graduée en trois degrés: le cachot, la gêne, la prison. Elle n'adopta pas cette réforme complète, mais elle établit cinq emprisonnements différents, la gêne, la détention, l'emprisonnement, la réclusion, les fers. La gêne, c'était la cellule forcée de jour et de nuit, avec solitude absolue et travail individuel. Bientôt la sagesse du législateur impérial vint mettre un terme à cette expérience funeste, et la gêne fut supprimée par les raisons que développait avec éloquence et vérité l'orateur qui présentait le projet du Code pénal.

Le régime cellulaire, mort dans son ébauche, ne ressuscita plus réellement avec l'attache de l'administration qu'après 1830, lorsque la pénalité prenait pour type de ses institutions et de ses réformes, tout ce qui venait de l'autre côté de la Manche ou des États-Unis d'Amérique. Ce fut alors une irruption de fausse philanthropie dans les établissements pénitentiaires, dans la législation et l'administration pénale, dans les bagnes, dans les maisons centrales, dans les prisons départementales. L'impulsion était généreuse, sans doute, l'intention honnête, la tendance progressive, consciencieuse chez le plus grand nombre; mais en ceci, on dépassait le but, on se trompait sur les résultats, et en définitive on faisait de la philanthropie à rebours, de la philanthropie cruelle.

L'administration poussée, dominée par les idées de quelques novateurs honorables, d'hommes systématiques, de quelques théoriciens opiniâtres, par le vent de l'époque, entra à pleines voiles dans le régime cellulaire. Il se fit un immense travail de rapports, d'études, de circulaires, de délibérations, d'instructions officielles, de consultations demandées aux médecins, aux conseils généraux, aux cours d'appel, aux préfets, aux directeurs des maisons centrales, aux architectes, aux inspecteurs généraux des prisons. Comme à toutes les époques où l'administration supérieure, le Gouvernement, paraissent adopter une idée, toutes les réponses étaient conformes à la pensée qu'on voyait dominer dans les régions élevées du pouvoir. On visita toutes les prisons du monde sous l'impression de cette idée, même celles de la Turquie! On publia à grands frais des documents officiels sur les pénitenciers d'Amérique; on recueillit les opinions de tous les économistes français et étrangers, qui, croyant voir un progrès dans le principe de l'emprisonnement cellulaire, et voulant suivre l'exemple de l'Angleterre et de l'Amérique, s'attachaient tous à l'adopter, à le défendre, à le naturaliser dans leurs pays. Il se fit une immense polémique à laquelle prirent part tous les écrivains qui connaissaient ou croyaient connaître les prisons et les prisonniers.

Enfin, le Gouvernement adopta en principe le système de l'emprisonnement cellulaire pour les maisons d'arrêt et de justice, et décida qu'il n'approuverait dorénavant aucun plan de construction ou d'appropriation de ces prisons départementales, qu'autant qu'il aurait pour base cet emprisonnement individuel de jour et de nuit par le moyen de la cellule. On dressa un plan type et on l'envoya à tous les départements pour leur servir de modèle universel.

Là, il faut le dire, fut la cause de tout le mal que nous constatons aujourd'hui avec le Gouvernement, revenu à des idées plus applicables, plus pratiques et surtout plus légales et plus humaines. Là est le motif qui a retenu dans l'état le plus déplorable la presque totalité de nos prisons départementales; et, chose bizarre, étrange anomalie! l'administration, marchant à contre-sens dans son prétendu progrès, voulait établir l'intolérable peine de la cellule pour punir les délits les moins graves, justiciables des tribunaux correctionnels, au lieu de commencer sa réforme par les maisons centrales et les bagnes, où les crimes les plus graves et les plus affreux sont envoyés par la justice des cours d'assises. L'État, n'osant pas lui-même se jeter dans une entreprise pénale qui lui eût coûté 50 à 60 millions au moins, uniquement pour la construction des cellules dans les maisons centrales, sans compter les dépenses qui eussent été nécessitées par le reste de l'application de ce système ruineux, préférait forcer les départements à faire eux-mêmes, dans la situation généralement difficile de leurs finances et de leurs ressources, une dépense totale de près de 100 millions pour reconstruire et approprier leurs prisons d'après le système cellulaire. Nous recueillons aujourd'hui le résultat de cette exigence. Les prisons départementales sont en grand nombre dans l'état le plus déplorable, le plus misérable, et si elles n'ont été améliorées comme tous les autres établissements de service public, c'est à l'impossibilité où se sont généralement trouvés les départements de s'imposer des dépenses énormes pour les adapter au régime cellulaire. Les réponses presque unanimes des préfets le constatent. C'est la constatation de cette triste réalité qui a fait verser la mesure et qui, faisant ressortir ces vérités, a décidé le Gouvernement à renoncer aux ruineuses illusions du système de l'emprisonnement individuel.

Ces raisons intrinsèques avaient frappé depuis longtemps les esprits judicieux, et converti à de plus positives idées plusieurs de ceux-là mêmes qui s'étaient d'abord laissé éblouir par le clinquant philanthropique des systèmes anglais et américains. Elles avaient ramené ceux qui avaient cru à l'efficacité des systèmes d'Auburn ou de Philadelphie, de Cherry-Hill ou de Pentonville; ceux qui, cellulistes par conscience, après avoir vu leurs opinions passer au creuset de la pratique et en sortir avec des effets contraires à ceux qu'ils recherchaient et qu'on leur promettait, sont devenus partisans d'un système opposé, d'un système mixte, surtout quand à son sommet se trouve cette transportation bien ordonnée, régulière, dont, entre autres écrivains spéciaux, M. Louis Perrot, inspecteur général des prisons, chargé de la division des établissements pénitentiaires, avait exposé les avantages dans son intéressant rapport sur la colonisation des condamnés en Algérie ou en Corse.

L'un des hommes pratiques les plus éminents de la science pénitentiaire, M. l'inspecteur général Charles Lucas, le disait déjà avec raison en 1844 : « Le système cellulaire emporte nécessairement avec lui des modifications essentielles au régime de nos lois pénales ; il renverse le Code comme les prisons ; il brise l'organisation du travail au lieu de le perfectionner, et il ne se trouverait aucune assemblée législative pour voter les sommes énormes qu'exige la construction de pénitenciers cellulaires d'après ce système. » L'opinion de M. Lucas a fait depuis lors bien des prosélytes.

Examinons maintenant en détail les motifs qui ont déterminé le Gouvernement.

§ Ier.

La principale, la plus concluante, la plus irrécusable des raisons qui ont influencé l'administration, c'est l'expérience du système cellulaire, qui n'a produit aucun des résultats qu'on en attendait.

On disait que le système de l'emprisonnement individuel agissait tellement sur le moral des condamnés qu'ils sortaient nécessairement meilleurs de la prison après l'expiration de leur peine. Qu'avons-nous vu, malgré l'établissement de ce régime en Angleterre, en Amérique et en France, où déjà il fonctionne dans 46 prisons construites cellulairement? La criminalité a augmenté chaque année; les récidives ont suivi un mouvement ascendant, et le nombre des condamnés et des détenus a augmenté dans une si grande proportion, qu'en France aujourd'hui toutes nos prisons départementales, nos maisons centrales, sont remplies à ne pas savoir où placer un détenu ; qu'il faut prendre des mesures d'urgence pour désencombrer ces dernières ; qu'on a pensé à en établir de nouvelles ou au moins à baraquer provisoirement un certain nombre de détenus, et que si la progression augmente, il faudra demander à la transportation un moyen plus sûr et plus efficace pour verser sur des terres lointaines le trop-plein toujours croissant de la criminalité continentale. Nous n'avançons rien au hasard. Que l'on consulte avec nous la statistique, impartiale comme l'arithmétique, de la justice criminelle, et l'état officiel de la population des prisons départementales, et la liste comparative des condamnés enfermés dans les maisons centrales en 1852 et 1853.

D'après les inexorables chiffres de celle-ci, nous trouvons 20,978 condamnés pour l'année dernière, et déjà 22,000 pour l'année actuelle; tandis qu'en ne remontant qu'à 1851, nous n'en comptions que 19,050 et en 1848, 17,789.

On est fondé à dire, en voyant la situation actuelle de nos prisons, que le régime cellulaire mis à exécution depuis quinze ans, dans trente-cinq départements, n'a pas produit, même dans ces départements, l'effet principal qu'on devait en attendre, la moralisation des détenus, ni par conséquent la diminution des crimes et des condamnations.

§ II.

C'est une erreur de croire que la solitude rend meilleurs les caractères mauvais et corrige les instincts vicieux ou criminels. L'homme méchant livré à ses pensées, isolé de tout, devient plus méchant encore par l'irritation ou par la réflexion. La solitude absolue est contraire, on le sait, aux lois de Dieu et de la nature, aux instincts de l'humanité et surtout aux nécessités du caractère français. Un homme condamné à être continuellement seul en prison dans une cellule de 3 mètres de longueur sur 2 mètres de large, véritable cachot perfectionné pour la science, devient enragé, fou, stupide, ou il se tue.

On a si bien senti l'impossibilité de cette séparation complète et perpétuelle du condamné d'avec les autres hommes, qu'on a cherché une atténuation à cette claustration dans la multiplicité des visites qui doivent ou peuvent être faites aux condamnés dans le régime cellulaire. Tous les défenseurs de ce système ont insisté sur l'importance de cette atténuation et ont ainsi diminué eux-mêmes la valeur des principes de l'emprisonnement individuel. Les commissions, et particulièrement celle qui, par ordre de la préfecture de police, a étudié plus spécialement la prison de Mazas en 1852, ont toutes émis le vœu de voir augmenter les visites des aumôniers, des gardiens et des membres d'associations charitables et libres, créées dans ce but. « Le seul remède, disent les rapporteurs de cette dernière commission, nous l'avons indiqué : c'est la fréquence des visites. » Il faut avouer que si le régime de l'isolement était bon en lui-même, ce ne serait pas en diminuant sa stricte observation, en ne laissant à la cellule que ce qu'elle a d'inutile, qu'on arriverait à le rendre efficace et à prouver son excellence. Puis sait-on ce que peuvent être ces visites? Supposons une prison départementale qui contienne 100 condamnés. Quatre personnes peuvent les visiter : le directeur ou gardien chef (car il faut, d'après les règlements, 200 détenus pour qu'il y ait un directeur), l'aumônier, le médecin, un des membres de la Commission de surveillance. Si le directeur veut voir chacun des détenus cinq minutes seulement tous les jours, il lui faut consacrer 500 minutes à ces visites, soit 8 heures. — Comment fera-t-il pour donner le temps nécessaire aux autres attributions et devoirs de ses fonctions ?—L'aumônier, qui, ordinairement, remplit d'autres charges ecclésiastiques, pourra tout au plus leur donner le même espace de temps. Le médecin, qui ne demande pas à la prison sa seule clientèle, ne pourra pas donner la moitié de ces 5 minutes, et il en sera de même du charitable membre de la Commission de surveillance. Ainsi voilà au plus 15 minutes de communication par jour entre le prévenu et un être vivant. Que peut-il dire en un quart d'heure? Quelle sympathie peut-on exciter dans son âme pendant ces courtes apparitions? Tout cela est illusoire, comme dans l'ensemble et les détails du régime cellulaire absolu, appliqué à tous indistinctement, qui n'a de réel que la torture du corps et du cœur, le désespoir de l'âme. La solitude, répétons-le, ne corrige pas l'homme, surtout en France ; l'expérience nous l'a prouvé; elle le rend ou insensé, ou furieux, ou brute, ou bien elle le pousse au suicide par le désespoir.

§ III.

La peine cellulaire, l'emprisonnement individuel, l'isolement continu du prisonnier, renversent toute l'économie si sage, si prévoyante, si juste du Code pénal. Les peines deviennent toutes égales; le temps seul les rend différentes; le plus mince délit est puni comme le plus atroce des crimes. Cette belle et si éminemment équitable, si morale et si naturelle graduation des peines, que le législateur avait établie d'après les lois éternelles de la justice divine et humaine et l'expérience des siècles, disparaît dans une commune et brutale égalité de la geôle individuelle. Avec cette règle, tous les prévenus, tous les condamnés, sont perpétuellement au secret et au cachot; car on ne peut considérer comme des communications avec la vie ordinaire, ces rares et insignifiants entretiens officiels, ces apparitions rapides, ces courtes visites, qu'ils peuvent recevoir dans leur cellule, et que, dans la vie pratique et réelle des prisons cellulaires, ils reçoivent à peine, sans sympathie et sans résultats. On avait si bien senti que le système dont nous parlons bouleversait toutes les régulations de la pénalité, qu'il s'agissait, lors de l'examen de deux projets de lois sur les prisons, présentés aux Chambres, de modifier cette pénalité, pour tempérer ainsi la rigide confusion et l'inintelligente uniformité du système de l'emprisonnement individuel, qui soumettait au même régime le criminel condamné à une peine infamante, et le délinquant ordinaire, frappé d'une simple condamnation correctionnelle.

En revenant aux prescriptions, aux distinctions du Code pénal, le Gouvernement retourne au droit, à la vérité, à la justice, au sage esprit de toute législation qui veut être graduée pour être efficace.

§ IV.

L'exercice réel, véritable, sérieux, influent du culte, c'est-à-dire de la religion rendue visible, agissant sur l'âme par l'intermédiaire des sens, est impossible, inconciliable avec le régime cellulaire.

Dans les prisons cellulaires, voici en quoi consiste ce culte. Un autel est élevé à la hauteur du premier étage des cellules, au milieu du rond-point qui forme le centre, panoptique ou supposé tel, de toutes les ailes du bâtiment. Cet autel isolé, placé souvent, comme à Mazas, au-dessus d'un autre service administratif de la prison, n'est entouré de rien qui rappelle à l'âme les grandes choses, les hautes idées, les puissants enseignements, les exemples, les souvenirs, les images de la religion : six chandeliers et une croix ; voilà tout. A l'heure du service religieux, on entrebâille, de la largeur de 5 à 6 centimètres, les portes des cellules, et le détenu peut difficilement, et d'un œil oblique, suivre de loin le prêtre célébrant la messe, sans pouvoir l'entendre.

Dans une très grande partie des édifices cellulaires, il est même impossible aux prisonniers des cellules les plus éloignées, ou situées à certains points des corridors, de voir l'autel et le prêtre, d'où il résulte que leur assistance au service divin est purement intentionnelle. Est-ce là, franchement, célébrer le culte divin dans les prisons ? Est-ce donner aux détenus, d'une manière matérielle et influente, ce grand et sublime enseignement de la religion pratique, de la religion visible, qui moralise leur âme, console leur cœur, et, en leur inspirant le repentir ou le courage, peut seul les rendre meilleurs ? Ne faut-il pas à l'homme l'action électrique, communicative, de ce magnifique spectacle de la célébration des divins mystères, même avec la pompe sévère de la prison, pour en ressentir les effets intérieurs ? Dans ce régime cellulaire, plus de chaire chrétienne d'où le ministre de la religion puisse faire descendre la parole de l'évangile, terrible pour les méchants, bienfaisante pour ceux qui se repentent et qui veulent redevenir bons. C'est une religion muette et glaciale, si c'en est une.

On peut répondre toutefois que l'on a si bien senti cette nécessité, même dans le culte plus froid, plus immatériel, de la religion protestante, qu'en Angleterre, à la prison de Pentonville, la recherche ingénieuse et raffinée de la science pénitentiaire, voulant appliquer dans toute son extension le système absolu et continu d'isolement, a transporté la cellule dans la chapelle, après avoir reconnu l'indispensable besoin d'y conduire le détenu. Dans ce système de chapelle en éventail, chaque prisonnier arrive à la chapelle mené par un gardien ; il entre dans sa loge, place son numéro au devant, et il en ferme la porte sur lui ; ils se suivent tous ainsi, jusqu'au dernier, invisibles l'un à l'autre, visibles tous pour le prêtre et les gardiens. Cette forme de chapelle a été adoptée dans la maison cellulaire de la Roquette pour les jeunes détenus. C'est fort ingénieux, sans doute ; c'est un palliatif ; cela vaut mieux que le culte illusoire des établissements cellulaires ordinaires, tels que ceux de Mazas, Bordeaux, Tours, etc. ; mais, comme exercice de la religion, cela est incomplet. D'ailleurs, ces dispositions pour les chapelles des prisons exigent une augmentation de dépense que les départements ne peuvent s'imposer ; et, de plus, avec la population mobile des prisons départementales, qui augmente trop souvent, on courrait le risque, après beaucoup de frais, avec cette forme de construction, de n'avoir qu'une chapelle insuffisante pour le nombre des détenus, comme cela arrive pour les cellules elles-mêmes, où l'on enferme plus d'une fois deux et trois détenus ensemble.

Cependant il importe, il est indispensable de donner, dans un intérêt social, le frein de la religion pratique au prisonnier, et on ne peut refuser au détenu, au prévenu comme au condamné, les consolations religieuses du culte ; c'est un devoir sacré pour l'administration de leur en faciliter l'accès; devoir dont, il faut hautement le reconnaître, elle s'est toujours scrupuleusement acquittée. L'administration ne le remplirait pas complétement si elle ne leur offrait qu'un semblant de culte au lieu du service religieux dans sa vérité entière. Il fallait donc abandonner le système cellulaire, parce qu'il était généralement incompatible avec cette vérité. L'attachement sincère et le respect profond que le Gouvernement ressent et manifeste en toutes circonstances pour la religion et pour son culte, lui en faisaient une obligation; sa responsabilité morale y était intéressée, surtout ici où il s'agit de remplir une tâche morale que les agents humains ne peuvent jamais efficacement accomplir.

§ V.

Le travail est une des bases les plus essentielles d'un bon régime pénitentiaire. Donner de l'occupation, du travail, aux détenus, organiser et alimenter le travail dans les prisons, est l'un des premiers devoirs de l'administration. Il est non seulement moral, pénitentiaire, mais humain et charitable, de fournir au prisonnier les moyens de s'occuper, d'apprendre un état qui, après sa détention, lui donnera les moyens de gagner sa vie et d'échapper ainsi aux incitations du crime. « Le travail, disait M. Lainé dans une circulaire de 1816, est de tous les moyens le plus propre à corriger les hommes dépravés, à donner une autre direction à leurs idées, à leur faire perdre leurs habitudes vicieuses; l'influence du travail ramène l'esprit tourmenté des prisonniers au calme et à l'honnêteté, par une occupation qui, il faut le dire aussi par un sentiment d'humanité, devient une distraction bienfaisante. »

Nous ne connaissons rien de plus affreux, de plus douloureux à voir que l'inactivité du détenu restant les longues heures de la journée dans une inoccupation abrutissante et n'employant ce temps donné à l'homme par la Providence pour l'utiliser à son profit et à l'avantage de tous, qu'à des réflexions criminelles ou déchirantes. Nous avons trop vu ce triste spectacle dans trop de prisons pour ne pas en comprendre toute l'horreur. Il faut donc que le détenu travaille. Or, malgré tout ce que les théoriciens du système cellulaire disent, le travail est impossible et illusoire dans la cellule. Pour être véritable et profitable, il faut que le travail ait lieu en commun, dans les ateliers, comme cela se fait dans la vie ordinaire. Nous avons vu dans quelques prisons cellulaires ce prétendu travail dont on voulait nous prouver la possibilité : c'est une véritable nullité, c'est à peine une faible occupation, sans importance, sans résultat ultérieur pour le condamné.

D'ailleurs pour enseigner un état, un métier, un travail utile aux détenus qui arrivent en prison avec l'ignorance de la paresse, il faut leur faire faire un apprentissage, il faut qu'il y ait des apprentis comme il y en a, comme on en fait dans les maisons centrales où le travail est sérieusement organisé. Or, avec la cellule, il n'y a pas d'apprentissages, pas d'apprentis possibles, ou bien ce n'est plus la cellule. L'administration actuelle veut que le détenu travaille dans toutes les prisons, qu'il n'emploie pas son temps à *moudre du vent*, comme en Angleterre ; elle a vu, selon les belles expressions du ministre de l'intérieur, dans sa circulaire du 8 mars 1852, que c'était un véritable scandale que des hommes frappés par la justice reçoivent, dans une oisiveté démoralisante, tout ce qui est nécessaire aux premiers besoins de la vie, tout ce que des artisans honnêtes ne se procurent, pour eux et leur famille, que par un travail continuel. Le vrai travail utile est incompatible avec le système cellulaire; l'expérience le prouve d'une manière incontestable; donc il fallait renoncer à l'application exclusive du système cellulaire pour l'organisation dans les prisons.

§ VI.

« Le régime moral des prisons, dit avec sagesse le rapport réglementaire du 1er février 1837, doit naturellement comprendre l'instruction élémentaire. » Le Gouvernement a placé un instituteur dans tous ses établissements pénitentiaires; c'est un des fonctionnaires des maisons centrales. Or quel problème difficile, presque impossible à résoudre serait l'enseignement scolaire avec le régime de l'emprisonnement individuel. Comment apprendre à lire à un détenu qui ne le sait pas? Comment lui enseigner au tableau les plus simples et les plus nécessaires opérations de l'arithmétique? Comment le faire écrire d'une manière profitable, s'il est enfermé dans une cellule éternelle, s'il n'a ni les moyens de l'exemple, de l'émulation, ni la communication de la science par les moniteurs d'un enseignement mutuel? L'instruction n'est réellement possible que dans le régime en commun, avec l'école telle qu'elle est organisée dans nos grands établissements pour peines, et même dans quelques prisons départementales.

Ici encore nous savons qu'on peut nous citer l'ingénieuse méthode pratiquée dans la maison correctionnelle de la Roquette, où un instituteur placé dans un corridor donne à haute voix l'enseignement de lecture et d'écriture aux jeunes détenus d'une certaine section qui le suivent à leur table, dans leur cellule. Mais ce sont là des inventions, des efforts exceptionnels de science pénitentiaire inapplicables dans la vie ordinaire des prisons et avec la population qui remplit communément celles des départements. Tant il est vrai que quand on se jette une fois dans les théories de ce système cellulaire, on n'en finit plus avec les difficultés et les impossibilités. L'administration veut atteindre le bien de l'instruction, comme les autres, par des moyens simples, ordinaires, à la portée de tous, même des plus modestes prisons d'arrondissement. Elle ne peut leur imposer des tours de force ingénieux pour enseigner l'alphabet à des malheureux qu'il faut enlever le plus tôt et le plus facilement possible aux ténèbres corruptrices de l'ignorance.

§ VII.

L'emprisonnement individuel avec son immobilité forcée, son peu d'air respirable, le froid ou le chaud dans sa cage, les tortures du corps combinées avec les peines de l'âme, est l'agent le plus puissant pour détériorer la plus robuste santé du détenu. Ici tous les raisonnements imaginables, toutes les recherches américaines, tous les chiffres groupés ne peuvent rien contre les démonstrations expérimentales de la vie et contre le bon sens commun. Jamais on ne fera comprendre à un homme raisonnable et d'expérience que la santé puisse être conservée inaltérée chez le prisonnier enfermé immobile en cellule, bien ou mal, trop ou trop peu aérée, pendant vingt-trois heures, et n'ayant qu'une heure pour tourner comme une bête dans sa fosse, seul entre les murs d'un promenoir individuel. Nous n'insistons pas sur ce point, il est trop évident.

La Commission qui a examiné la prison cellulaire de Mazas a reconnu elle-même les inconvénients de ce régime pour la santé ; elle a reconnu que les plaintes et réclamations d'un certain nombre de détenus relativement à l'influence de l'encellulement sur leur santé étaient fondées. Chose étrange, elle a pensé que pour faire droit à ces réclamations il suffirait de laisser aux détenus la faculté, aussi dangereuse que la prohibition, de tenir leur fenêtre ouverte ou fermée pour empêcher la chaleur de s'accumuler par la transformation de la chaleur lumineuse en chaleur obscure, de substituer des chaises aux tabourets en usage dans les cellules, et d'adjoindre un élève interne au service médical ; palliatifs impuissants !

Soutenir que la santé ne s'altère point par l'encellulement, c'est soutenir l'impossible. Il est vrai que la cellule fait disparaître quelques maladies de communauté et de corruption; mais on a constaté généralement que la stricte et sévère discipline donnait le même résultat particulier sans produire le même inconvénient général. Pour sauver quelques détenus de ces maladies par la cellule, il ne faut pas les soumettre tous aux chances presque inévitables, provenant surtout d'un long séjour dans les prisons, des maladies qui résultent de l'encellulement pénal.

§ VIII.

Parmi les maladies qu'engendre la cellule, surtout quand la peine est longue, et que serait-ce si elle était perpétuelle? la plus terrible et la plus congéniale avec ce régime, si on peut ainsi dire, c'est la folie. On s'est donné une peine énorme, on a fait des efforts de science et de statistique indicibles pour prouver que la détention isolée ne rendait pas plus fou que la détention en commun. On n'a fait que des tours de force dont tout homme consciencieux sent parfaitement l'inanité. On a voulu trop prouver contre la raison et contre la nécessité de la situation. Comme pour les maladies en général, on n'a ni démontré ni convaincu.

L'administration, plus sage, plus soucieuse des devoirs que l'humanité lui impose, ayant pris en considération d'abord les faits, et ensuite les causes de ces faits, et sachant bien que chez le plus grand nombre de natures humaines, l'isolement, surtout sans limites prochaines, doit produire la folie par l'exaltation ou la folie par l'affaissement des facultés, a supprimé cette cause de mal et rejeté cette responsabilité. Elle a vu que dans l'établissement pénitentiaire le mieux organisé, le plus soigneusement tenu, au centre, à Paris, sous les yeux vigilants du ministère de l'intérieur et de la préfecture de police, avec un directeur habile et attentif, à Mazas, le nombre des aliénations mentales parmi les détenus qui y restent peu de temps, qui, ceci est bien à observer en pareille matière, n'ont pas encore devant eux l'épouvantable perspective d'une détention indéfinie, ou sans limites prochaines, a été plus fort que dans les prisons en commun de la même ville ; elle a vu que dans les autres prisons cellulaires la proportion était la même, sinon plus grande, et qu'il ne pouvait en être autrement avec le régime qui tue le corps et l'esprit. Devant cette expérience et sa conviction, rien ne pouvait l'arrêter, et elle a supprimé la cellule exclusive comme le fournisseur le plus actif des asiles d'aliénés. Quand la société et la justice humaine confient à l'administration un prisonnier pour le garder, elles ne veulent pas, en lui enlevant la liberté, qu'on lui ôte aussi l'intelligence et la raison, don sacré de Dieu, qu'on ne peut arracher à sa créature que par un crime plus grand encore que le simple homicide corporel.

§ IX.

L'expérience a prouvé que dans les prisons cellulaires il y a plus de suicides que dans les prisons en commun. Nous l'avons vu par nous-même et nous en appelons aux greffes de Mazas, de Tours et des autres établissements où l'isolement pénitentiaire est en vigueur, pour confirmer nos attestations par un inexorable argument, le fait. Ici encore on s'est donné beaucoup de peine pour nier, pour arranger et déguiser la vérité. Ce mode d'argumenter ne convient pas à une administration sérieuse, éclairée et de bonne foi. Il est inutile qu'elle aille chercher des chiffres et des raisons à Philadelphie, à Genève, à Londres, dans des contrées où l'organisation humaine pour le caractère et l'esprit est différente de celle des Français, quand elle a autour d'elle, devant elle, à deux pas de la préfecture et du ministère, des preuves palpitantes d'une douloureuse et navrante évidence. A Mazas, il y a eu douze fois plus de suicides que dans l'ancienne prison commune de la Force, avec la même nature de population.

Cela est arrivé à Mazas comme à Tours et ailleurs, malgré les recherches les plus minutieuses de l'administration pour retirer aux détenus les moyens de se suicider, poussées jusqu'à faire enlever les cordons qui servent à lever leurs lits ou à ouvrir et fermer le vasistas de la fenêtre de leurs cellules. Qu'on y pense bien, l'administration agit d'après des faits constatés et non d'après les assertions des théoriciens, qui ne les connaissent pas, sur la prétendue innocuité du système cellulaire. Il est d'ailleurs évident pour tout le monde, pour tous les hommes de bonne foi comme pour l'administration, que le prisonnier voyant fermer sur lui la porte ferrée de sa cellule, cachot éclairé, mais cachot, livré à ses réflexions, seul avec lui-même, en face de sa conscience, de sa faute, avec la certitude de la peine et de l'infamie, peine morale plus terrible encore pour ceux qui ne sont pas encore tout à fait corrompus, sans distraction qui l'arrache à son affreux désespoir, doit avoir plus de tendance à se tuer que s'il n'était pas seul.

Enfin, dans le régime commun, le détenu, sans cesse surveillé, même par ses compagnons de captivité, ne peut facilement exécuter son fatal dessein s'il le conçoit ; dans le régime cellulaire, avec le remède illusoire des visites, comme cela est démontré par l'expérience, il a toutes les facilités possibles pour le réaliser. Les longues heures de sa solitude lui en offrent le temps. Une corde, une bretelle, un instrument quelconque sont toujours sous sa main, quelque soin qu'on se donne pour lui retirer les moyens d'en finir avec une existence dont rien ne diminue l'horreur. Quand le gardien ouvre la porte de la cellule, le prisonnier est mort. Voilà la vérité ! L'administration, animée du sentiment humain, et pénétrée de ses devoirs envers Dieu, envers la société et envers l'individu, ne pourrait continuer à les méconnaître. L'administration actuelle n'a pas un système glacé à la place du cœur, elle sent autant qu'elle raisonne, et c'est le motif pour lequel, s'étant convaincue que l'isolement est une cause de suicide, elle renonce à l'isolement pour ne pas se rendre responsable de toutes les morts qu'elle peut empêcher en le supprimant.

§ X.

Le Gouvernement a reconnu que les conditions dispendieuses de l'application du système cellulaire absolu et universel le rendaient, sinon impossible, au moins tellement lourd pour les départements, et ajoutons pour l'État, qu'on devait le considérer comme généralement inapplicable. Laissons de côté les dissertations que les théoriciens ont faites jusqu'à ce jour et venons aux faits, toujours aux faits, à l'expérience pratique : c'est la seule bonne méthode pour motiver la décision et l'action administratives.

Nous pouvons affirmer que, sur 86 départements dont les préfets ont été consultés pour savoir si les anciennes exigences de l'administration pour les obliger à ne reconstruire ou approprier leurs prisons que d'après les plans cellulaires, et si le surcroît de dépenses résultant de cette forme de construction n'étaient pas le véritable motif du retard que les départements et leurs Conseils généraux avaient apporté dans ces améliorations si désirables, tous, à peu près, ont répondu qu'il fallait effectivement attribuer leur inaction et ce retard à ces causes.

Dans l'état gêné où se trouvent les ressources de la plupart des départements, avec des budgets surchargés, en face de besoins plus immédiats, sous la nécessité de faire des dépenses plus productives de résultats avantageux, avec des comptes soldés en déficit par l'emprunt et l'imposition extraordinaire, les départements, on le comprend, devaient hésiter à entreprendre des travaux coûteux pour établir ou modifier leurs prisons d'après un système qui n'avait rien de nécessaire ni de durable.

Dans une prison construite d'après le système de l'emprisonnement individuel, chaque cellule coûte en moyenne 2,000 fr. Quelquefois elle s'élève à 2,500 et même 3,000 fr. Il n'y a que de très-rares localités où à cause du très-bas prix, très-exceptionnel, de la main-d'œuvre, elle pourrait descendre à 1,800 fr. Il faut ajouter à la dépense de la cellule, celle qui est nécessitée pour toutes les constructions accessoires que réclame l'emploi du régime individuel.

On ne se fait une idée de ces exigences subsidiaires que lorsqu'on connaît comme nous l'établissement d'une prison cellulaire. Il a fallu mettre en œuvre tout ce que la science la plus ingénieuse peut fournir à l'art architectural pour organiser la ventilation, l'aération, le chauffage, les lieux d'aisance, l'éclairage, l'exercice du culte, le transport et la distribution des aliments, la surveillance générale et individuelle des détenus, les promenoirs, le travail particulier, la propreté, le service de l'infirmerie, les visites des parents en des parloirs cellulaires, et surtout l'invisibilité continuelle, absolue, entre les détenus, prodiges d'optique à multiplier, l'aphonie et l'insonorité des cellules que l'on n'obtient presque jamais de manière à rendre les communications verbales tout à fait impossibles. Tous ces perfectionnements qui ont fait de la construction des prisons cellulaires une science à part, ne s'obtiennent qu'à renforts d'argent et de dépenses.

A Paris, il n'a fallu rien moins que le concours des sommités de la science, de commissions dans lesquelles nous voyons figurer les noms de MM. Arago, Gay-Lussac, Pouillet, Boussingault, Dumas, Andral, Peclet, Leblanc, Grouvelle, Thaurel, Guérard, Lélut, Regnault, Boutron, Bruzard et d'autres encore, pour indiquer, diriger, modifier les travaux à faire dans le but de la salubrité à Mazas, et souvent sans y réussir complétement.

Peut-on dans tous les départements, dans ceux qui sont éloignés, dans tous les arrondissements, mettre à contribution ces grandes lumières de la science? Les ressources départementales permettent-elles ces prodigalités et ces recherches? La réponse est facile : non. Cette exubérance de précautions scientifiques devient donc impossible. Avec de grandes dépenses on ne peut donc obtenir que des prisons cellulaires incomplètes, irrégulières et toujours vicieuses sur quelques points. Ne voyons-nous pas à Paris même, dans la prison de la Roquette, tout un quartier infecté par les émanations des fosses d'aisance, résister à tous les travaux scientifiques et dispendieux qu'on y a faits pour corriger ce vice, radical dans une agglomération de détenus?

La construction des 450 prisons, maisons d'arrêt, maisons de justice et de correction dans toute la France, peut être évaluée sans exagération à plus de 125 millions, sans compter la valeur des terrains. Ajoutez à cette dépense celle de plus de 50 millions pour approprier les maisons centrales actuelles, avec leurs 22,000 condamnés, au régime cellulaire, et vous auriez près de 200 millions à jeter en proie à la ruineuse théorie cellulaire sur toute la surface de la France, pour arriver à une application incomplète et inexacte de cette thorie. Notez bien qu'il resterait toujours au régime commun les prisons municipales, les dépôts de sûreté, les prisons militaires, maritimes, etc.

Joignez à ces dépenses celles qui résulteraient de la nécessité de remplacer les détenus employés aux travaux intérieurs des prisons, au service de propreté, des cuisines, de la boulangerie, de la buanderie, du nettoyage, de la maçonnerie, de la menuiserie, des peintures, de la chapelle, au service des prévôts, des perruquiers, des fermes, des infirmeries, de la tonnellerie, par des employés libres et par conséquent payés, et vous arriverez aux considérables augmentations des sommes énormes dont nous parlions tout à l'heure. Ces dépenses, nulles aujourd'hui, puisque les condamnés occupés à ces travaux intérieurs rendent à l'Etat la presque totalité du salaire qu'on leur alloue et défraient ainsi le Trésor des frais que coûte leur entretien, seraient permanentes. Ainsi il y aurait double perte pour le Trésor public, celle qui résulte du non remboursement que lui font les condamnés sur leurs salaires, et celle plus forte encore qui résulterait des salaires à payer à des employés libres, comme cela a lieu dans la prison de la Roquette. Une maison centrale en régie, celle de Melun par exemple, contenant une population de 1,000 détenus, en emploie 100 à ces travaux intérieurs, recevant en total une somme d'environ 20,000 fr., dont les deux tiers sont versés au Trésor. Si ces détenus sont enlevés à ces occupations, l'État commence par perdre les deux tiers de cette somme, soit 13,600 fr. par an; il perd, en outre, et ceci est le plus grave, le montant des salaires à donner aux employés libres, les honoraires des entrepreneurs, soit au moins la somme nette de 40,000 fr. par an. Reproduisez cette perte pour vingt maisons centrales, vous aurez un million à dépenser de plus. Retrouvez proportionnellement le même résultat pour 450 prisons départementales, et vous verrez quelle augmentation de dépenses, seulement sous ce rapport, produit l'application du système cellulaire. Ajoutons encore à cette cause particulière de plus grande dépense, celles que nécessite l'entretien, plus minutieusement indispensable, des bâtiments et de tout ce qui y tient, des appareils de chauffage, de ventilation, de propreté dans les prisons cellulaires, et nous arriverons à des résultats qui ne peuvent être calculés.

On peut se faire une idée des laborieuses combinaisons et des travaux d'art que nécessitent ces exigences du système cellulaire, seulement par la description de l'appareil de ventilation employé à Mazas et imaginé par un ingénieur civil très-distingué ; la voici :

« L'air neuf s'introduit dans chaque cellule par trois orifices garnis d'une grille et placés à des hauteurs différentes ; ces trois orifices communiquent avec une seule et même prise d'air ouverte dans le mur extérieur.

» L'air vicié s'engouffre dans le tuyau de chute du siége d'aisance, siége dont le couvercle, lors même qu'il est abaissé, est maintenu à une distance convenable de la lunette, afin de ne pas gêner le passage de l'air qui doit s'y engager.

» Tous les tuyaux de chute, correspondant chacun à un tonneau distinct, sont placés sur une même ligne des deux côtés d'une cave qui règne dans toute la longueur du bâtiment qu'elle dessert.

» Les six caves, comme les six bâtiments, convergent vers un centre commun ; elles sont fermées à leur bout de ce côté par un mur plein, si ce n'est dans la partie supérieure, où une ouverture a été réservée et que l'on peut rétrécir à volonté au moyen de registres qu'il est possible de manier du dehors.

» A l'autre bout, chaque cave est fermée par une double porte, soigneusement calfeutrée, dont la dernière s'ouvre sur le chemin de ronde. Entre les deux portes est réservé un espace assez grand pour recevoir le chariot sur lequel on charge les tonneaux pendant le service de vidange. Pour que la ventilation marche régulièrement pendant ce travail, les deux portes dont nous venons de parler ne doivent pas rester ouvertes simultanément.

» Enfin, les ouvertures de l'extrémité centrale des caves longitudinales viennent aboutir dans une cave circulaire creusée sous la rotonde de la prison. Cette dernière cave est murée à un de ses bouts et elle communique, vers ses parties moyennes, avec une petite galerie touchant à la grande cheminée d'appel.

» Les registres généraux des caves longitudinales sont destinés à compenser, au moyen d'une ouverture plus ou moins large, le plus ou moins grand éloignement de la cheminée d'appel.

» Pour régler la ventilation de chaque cellule en particulier, on avait adapté au couvercle du siége un disque percé d'un orifice central qu'on pouvait rétrécir à volonté au moyen d'une plaque mobile parallèlement à cet orifice; mais on a reconnu qu'il y avait de l'inconvénient à laisser ce petit appareil sous la main des détenus.

» Aujourd'hui le règlement s'effectue à l'aide d'un obturateur circulaire percé de trous qu'on peut rétrécir ou agrandir à volonté. Cet obturateur est fixé à un tuyau de zinc soudé latéralement au tuyau de chute. Ainsi la ventilation des cellules se règle dans la cave même où sont les tonnes qui reçoivent les déjections des détenus. »

D'après la description qui précède, la ventilation se produit de la manière suivante :

La colonne d'air chaud qui monte dans la cheminée centrale fait appel à l'air de la cave circulaire; à mesure que celui-ci s'écoule vers la cheminée, il est remplacé par l'air des caves longitudinales, qui, lui-même, ne peut se raréfier sans que l'air des cellules, passant par les siéges d'aisances, vienne aussitôt pour rétablir l'équilibre de pression; mais, en même temps et par le même mécanisme, l'air extérieur, l'air *neuf,* afflue dans les cellules.

Il faut dire que cet appareil se dérange souvent et qu'alors il y a ventilation incomplète de certaines cellules, ventilation trop forte de quelques autres, et, chose plus que grave ! refoulement de l'air empesté des siéges d'aisance, rentrant dans les cellules des détenus, tout cela par suite de la cheminée d'appel fonctionnant irrégulièrement, de l'interruption de clôture des caves longitudinales par le fait des ouvriers vidangeurs, de l'ouverture des fenêtres des cellules qui, notons-le bien, doivent, afin que l'appareil opère bien, rester fermées. Ces irrégularités d'art et d'architecture se corrigent facilement à Paris grâces à la surveillance incessante et presque scientifique qui est exercée dans les prisons cellulaires, grâces aussi aux ressources d'argent qu'on n'est pas tenu d'y ménager autant que dans la plupart des départements. Mais pourrait-on le faire également partout ? non ; car déjà il est impossible d'y faire les dépenses nécessaires pour approprier convenablement et de la manière la plus modeste, la plus commune des prisons locales. Nous l'avons vu de nos yeux et chacun le sait.

Ces sommes exorbitantes et fabuleuses ne peuvent-elles pas, ne doivent-elles pas être mieux employées par l'État et les départements ? N'y a-t-il pas, et en foule, des travaux plus utiles, plus productifs, plus réclamés pour l'amélioration du pays, plus urgents à entreprendre ou à achever sur notre territoire ? L'administration le croit, elle s'en est assurée, et chacun le pense avec elle. En renonçant au système cellulaire exclusif, on débarrasse les départements du cauchemar financier que les onéreuses dépenses dont il exigerait le sacrifice faisait peser sur eux. Plus libres, ils amélioreront à bon marché l'état déplorable de la plupart de leurs prisons, et ils consacreront à des travaux plus importants les sommes enfouies à regret dans la construction de cellules dans lesquelles d'ailleurs le régime individuel, ainsi que nous l'avons vu nous-même, n'était pas même généralement observé.

Après tout, les départements qu'on voulait forcer à ces grandes dépenses pénitentiaires, pour encelluler quelques délinquants vulgaires, quelques correctionnels sans importance criminelle, n'étaient-ils pas fondés à dire au Gouvernement : Pourquoi ne commencez-vous pas à appliquer ce système, puisqu'il est si merveilleux en résultats, à vos grands criminels, à vos criminels de profession, à vos suppôts de Cour d'assises, à vos scélérats, que vous agglomérez dans les maisons centrales ? Pourquoi prendre la réforme par en bas, l'amélioration par le petit côté, par la population qui en a le moins besoin ? C'est une anomalie impardonnable, quand on soutient l'excellence et la nécessité du système de l'emprisonnement individuel pour corriger et moraliser les détenus. A ce reproche, on ne pouvait faire d'autre réponse que celle de l'énormité de la dépense pour l'État ; alors pourquoi l'imposer illogiquement aux départements ? L'administration a fait cesser cette situation injustifiable.

§ 1.

Nous venons d'exposer les principales raisons, les plus graves motifs qui ont décidé le Gouvernement à renoncer à l'application du système cellulaire. Le bon sens public les a parfaitement appréciés, et l'opinion nationale a favorablement accueilli sa détermination. Le pays n'avait pas attendu le jour où elle a été prise dans les conseils de l'Empereur, du neveu de l'immortel auteur de ces codes français dans lesquels la pénalité était si sagement, si équitablement pondérée avec la criminalité, pour reconnaître les abus et les dangers de cette théorie, qui sacrifiait tout : humanité, religion, légalité, justice, santé, raison, existence des prisonniers, à une seule pensée, à un seul désir moral, charitable, sans doute, la séparation des détenus, pour empêcher la contagion de la corruption ; mais qui, malgré toute la noblesse du but, ne valait pas tant et de si importants sacrifices.

Disons quelques mots maintenant de la situation transitoire qui résulte de la décision du Gouvernement combinée avec l'obligation où les départements s'étaient trouvés de ne reconstruire et de n'approprier leurs prisons que d'après le système cellulaire ; par conséquent, de la construction achevée de prisons semblables dans trente-cinq départements, et de leur construction commencée dans quelques autres. Une question importante s'est naturellement présentée : fallait-il continuer la construction commencée d'après les plans cellulaires, ou fallait-il l'abandonner en modifiant ces plans pour les ramener au système de la détention en commun ?

Nous croyons que l'intention de l'administration supérieure est que les constructions commencées se poursuivent si on ne peut en modifier les plans sans augmenter les dépenses. Dans le cas où, par exemple, une partie de la prison serait déjà construite cellulairement et où une autre partie non construite encore ou non achevée pourrait être adaptée au régime commun, il conviendrait certainement de le faire ; car on économiserait ainsi pour le département la dépense considérable que nous avons déjà évaluée et qu'exigent les constructions de cellules s'élevant en moyenne de 2,000 à 2,500 fr., quelquefois à près de

3,000 fr. Il serait essentiel toutefois de s'assurer si l'espace suffirait pour des salles et des dortoirs, et si des préaux pourraient être établis, au lieu de promenoirs destinés aux détenus isolés. Reste une autre question s'appliquant aux prisons qui sont déjà complétement construites cellulairement, qui sont occupées et qui fonctionnent actuellement de cette manière ; nous pensons qu'il convient de changer le régime suivi dans ces établissements pénitentiaires en y établissant un quartier commun pour certains détenus qu'il est moins nécessaire de surveiller rigoureusemeut et d'isoler des autres ; pour ceux dont les délits sont moins graves et le caractère moins dangereux. D'ailleurs, nous devons redire que dans la plupart des prisons cellulaires en activité dans les départements, le régime n'est pas du tout cellulaire, et qu'il n'a pas été rare pour nous d'y trouver appliqué le pire des régimes communs, c'est-à-dire celui qui place deux et trois détenus dans la même cellule.

Enfin, il convient en ceci plus qu'en toute autre matière administrative, de laisser à la sage et intelligente appréciation du ministère public pour les prévenus, et de l'administration pour les condamnés, le soin de disposer dans les maisons d'arrêt, de justice et de correction, le placement des détenus conformément aux exigences de la loi, de la morale, des convenances et de la sûreté publique. L'essentiel, c'est, en renonçant à l'application rigoureuse et absolue du système cellulaire, d'économiser les ressources financières des départements, de leur donner les moyens de réparer, d'approprier et de reconstruire les prisons qui, nous l'avons dit, sont malheureusement en trop grand nombre dans une situation tout-à-fait indigne de notre état social et de notre civilisation avancée. C'est de cette pensée qu'ils doivent se pénétrer.

On peut donc, selon nous, conserver la séparation dans les prisons comme exception, comme faveur pour certains détenus qui la demanderaient et la mériteraient; comme augmentation de peine pour les incorrigibles, pour ceux qu'il importe de punir par aggravation et d'éloigner momentament des autres prisonniers. L'emploi de cette double séparation de faveur ou de punition doit être laissé à la sage appréciation, à l'intelligent et juste arbitraire des autorités locales, du directeur de l'établissement et du préfet. Ainsi compris, ainsi appliqué, le régime individuel n'a plus que des avantages; il n'a plus les inconvénients déplorables du système cellulaire que nous avons signalés avec la raison publique et l'opinion universelle.

Terminons en disant formellement que, dans la haute pensée du Gouvernement, dans la résolution de l'administration, le régime cellulaire, comme base exclusive et forme absolue du système pénitentiaire, est fini en France. Il a passé comme toutes ces théories décevantes au fond, brillantes en apparence, qui semblent justifiées par un but moral et honnête, mais qui, éprouvées au creuset de l'expérience, ne donnent que des résultats vains ou mauvais, théories dont on s'engoue pendant qu'on est sous leur fascination et qu'on abandonne lorsqu'on en découvre les inconvénients pratiques. L'administration et le pays pensent aujourd'hui de l'application exagérée et exclusive de ce système ce qu'en pensaient les savants rapporteurs du Code pénal en 1810, lorsqu'ils disaient : « Nous avouons que nous n'avons pas reconnu dans cette occasion (l'institution de la peine de la gêne) les sentiments philanthropiques de l'Assemblée constituante. Quel est donc le sort d'un homme enfermé sans espoir de communication à l'intérieur ni à l'extérieur? N'est-il pas plongé dans son tombeau? Quelle peut être d'ailleurs l'utilité de cette peine? On ne peut pas dire qu'elle est établie pour l'exemple, puisque le condamné, soustrait à tous les yeux, est mort pour ainsi dire à la société. »

BIBLIOGRAPHIE ABRÉGÉE DES PRISONS.

Construction des maisons d'arrêt et de justice. Instruction et programme (atlas de plans).

Code des prisons, ou Recueil complet des lois, ordonnances, arrêtés, circulaires et instructions ministérielles, concernant le régime intérieur, économique et disciplinaire des maisons d'arrêt, de justice, de correction et autres prisons préventives ou pour peines, de 1670 à 1845, mis en ordre et annoté par Moreau Christophe, inspecteur général.

Traité des diverses institutions complémentaires du régime des prisons, par Bonneville.

Statistique des prisons.

Rapport fait au Roi, sur les prisons, par Decazes.

Rapport sur les prisons départementales.

Rapport au ministre de l'intérieur sur les pénitenciers des États-Unis, par Demetz et Blouet.

Rapport sur les prisons de l'Angleterre, de l'Écosse, de la Hollande, de la Belgique et de la Suisse, par Moreau Christophe.

Rapport sur les prisons de l'Allemagne, par Remacle et Clelier.

Rapport sur les prisons de la Prusse, sur le régime de quelques prisons de l'Espagne, de l'Angleterre, de l'Allemagne et de la Turquie, par Hallez, Claparède, Lemeyer et Blanqui.

Rapports et documents officiels sur le pénitencier de Cherry-Hill, à Philadelphie, et sur la prison de Pontonville, à Londres, traduits par ordre du ministre de l'intérieur.

Société royale pour l'amélioration des prisons, actes relatifs à cette Société, rapports, extraits des lois et règlements concernant la police et l'administration des prisons.

Des moyens de généraliser en France le régime pénitentiaire, par Béranger.

Rapport au ministre de l'intérieur sur les résultats de la régie dans la maison centrale de Melun.

Études sur la mortalité dans les bagnes et dans les maisons centrales de force et de correction, depuis 1822 jusqu'à 1837, faites par ordre du ministre de l'intérieur, par Chassinat.

Projet de loi sur les prisons ; observations de la Cour de cassation et des Cours royales.

Projet de loi sur les prisons; observations des préfets.

Rapport du préfet de police au ministre de l'intérieur sur les modifications introduites dans le régime du pénitencier des jeunes détenus, pendant les années 1838 à 1849.

Colonie agricole de Mettray. Comptes rendus dans les assemblées des fondateurs, depuis 1838.

Du système pénitentiaire, par Aylies.

Des prisons, de leur régime et des moyens de l'améliorer, par Danjou.

Revue pénitentiaire, sous la direction de Moreau Christophe.

Des condamnés, des libérés et des pauvres; prisons et champs d'asile en Algérie, par Dugat.

Des modifications qu'il y aurait à apporter au régime actuel des prisons, par Bonnet.

Essai sur les peines et le système pénitentiaire, contenant l'examen des peines, des théories pénitentiaires et des divers modes d'emprisonnement, par Alauzet.

Coup d'œil sur le régime répressif et pénitentiaire, par Delafarelle.

De la réforme des prisons, par Léon Faucher. (Extrait de la *Revue des Deux-Mondes.*)

Mémoire sur la réforme des prisons, par Gleize.

De l'emprisonnement individuel sous le rapport sanitaire, par Varentrap.

Essai sur les institutions de bienfaisance et la réforme pénitentiaire en France, par Clérembaut.

Manuel des prisons, ou Exposé historique, théorique et pratique des systèmes pénitentiaires, par Grellet-Wammy.

De la réforme des prisons, basée sur le principe de l'isolement individuel, par Moreau Christophe.

Documents relatifs au système pénitentiaire, par G. Larochefoucauld-Liancourt.

Système pénitentiaire aux États-Unis et son application en France, par G. de Beaumont et Tocqueville.

Les condamnés et les prisons, ou Réforme morale, criminelle et pénitentiaire, par Bretignier de Courcelles.

Mémoire sur les moyens de corriger les malfaiteurs et les fainéants, et de les rendre utiles à l'Etat, par le comte Vilain XIV.

Débats du congrès pénitentiaire de Francfort-sur-le-Mein.

Débats du congrès pénitentiaire de Bruxelles.

Confession d'un malheureux, par Servan de Sugny.

François Perrin, par Léon Vidal.

Petite histoire d'un prisonnier.

Manuel du prisonnier, par A. D. Wouters.

Le silence en prison, par Cerfbeer.

Comptes de l'administration de la justice criminelle en Belgique, de 1826 à 1839, par Dupectiaux.

Projet de pénitencier, par Haron Romain.

Projet de prison cellulaire pour 585 condamnés, par Blouet.

Cahier des charges pour l'entreprise générale du service des maisons centrales.

Note sur les attributions respectives des ministres de l'intérieur et de la justice, relativement aux prisons.

Règlement pour le service des régies économiques dans les maisons centrales.

Règlement pour l'administration et la comptabilité des colonies agricoles de jeunes détenus.

Plan de la prison pénitentiaire de Genève.

Rapport sur les prisons du midi de l'Allemagne et de l'Italie.

Compte général de l'administration de la justice criminelle en France.

De la répression pénale, rapport fait à l'Académie des sciences morales et politiques, par Béranger.

Rapport au ministre, sur un projet de transportation des condamnés criminels et correctionnels, par L. Perrot.

Rapports aux préfets de police, par la commission, sur la prison de Mazas.

Analyse des réponses des directeurs des maisons centrales à une circulaire du 10 mars 1834.

Défense du projet de loi sur les prisons, par Moreau Christophe.

Du système cellulaire applicable aux prisons départementales, par A. Morel.

De la réforme des prisons ou de la Théorie de l'emprisonnement, par Ch. Lucas.

Des moyens et des conditions d'une réforme pénitentiaire en France, par Ch. Lucas.

Hygiène physique et morale des prisons, par Aug. Bonnet.

Les femmes en prison, par Mme Joséphine Mallet.

Des prisonniers, de l'emprisonnement et des prisons, par Ferrus.

École des condamnés. Conférences sur la moralité des lois, par Marquet-Vasselot.

Rapport sur le projet de loi des prisons, par Béranger.

Psaumes du prisonnier chrétien, par l'abbé Testou.

Du système pénitentiaire. Réponse au marquis de la Rochefoucauld, par Doublet de Boisthibaut.

Discours prononcés au congrès pénitentiaire de Bruxelles, par Chassinat.

Marseille et ses prisons, par le docteur Segaud.

Le bagne et les maisons centrales ou Trois ans de prédication, par l'abbé Laroque.

De l'action religieuse dans les prisons et des Sociétés de patronage.

De l'organisation du travail dans les maisons centrales, par Peigné.

Règlement de la maison pénitentiaire des jeunes délinquantes à Saint-Hubert.

Considérations sur la réclusion individuelle, par W. Suringar.

Règlement général pour les prisons départementales.

Règlement concernant le service des communautés religieuses dans les maisons centrales.

Influence du système cellulaire sur la santé et le moral des prisonniers, par J. M. Gerbaud.

Sur les colonies pénales et la déportation, par Vingtrinier.

Lettre à M. de Tocqueville sur le projet de loi des prisons, par Peigné.

Projet de loi sur les prisons (Chambre des députés).

Sur le pénitencier de Saint-Germain, par Boudeville.

Un mot sur les prisons, par un employé des prisons.

Sur le régime pénitentiaire, par Guillot.

Fondation d'une colonie maritime pour les jeunes détenus lymphatiques et scrofuleux, par Sarraméa.

Manuel de l'administration des prisons et des dépôts de mendicité, par Péchart.

Tableau de la situation morale et matérielle en France des jeunes détenus et des jeunes libérés, par Paul Bucquet.

Tableau statistique de la maison de détention et du refuge de Vilvorde, par J. Roupps.

Du système pénal et de la peine de mort, par Charles Lucas.

Du système pénitentiaire en Europe et aux États-Unis, par Charles Lucas.

De l'emprisonnement individuel, par Léon Faucher et Charles Lucas.

Rapports au ministre de l'intérieur sur la maison centrale de la Roquette.

Résumé du système pénitentiaire, par Demetz.

Fondation d'une colonie agricole pour les jeunes détenus, par Demetz.

De l'état actuel des prisons en France, par Moreau Christophe.

De la réforme des prisons en France, par Moreau Christophe.

Rapport sur les colonies agricoles, par Dupectiaux.

Des colonies agricoles établies en France et en Algérie, par J. de Lamarque et Dugat.

Notice sur la colonie agricole d'essai de Val-d'Yevre ; Comptes-rendus d'Otswald, Petit-Bourg, de la solitude de Negarette, des sociétés de patronage de Strasbourg, Lyon, Toulouse, Paris, par Hello.

Colonie agricole et industrielle de Gaillon, par de la Palisse.

Des condamnés, des libérés et des pauvres, par Henri Dugat.

Études sur les colonies agricoles, des mendiants, jeunes détenus, orphelins et enfants trouvés de la Belgique, Hollande, Suisse, France, etc., par Delarieu et Romard.

Des prisonniers, de l'emprisonnement et des prisons, par H. Ferrus.

Essai sur l'application des condamnés à la détention, à des travaux d'utilité publique ; lettre adressée au ministre de l'État par Chanal, préfet des Hautes-Alpes.

Des études sur la mortalité dans les bagnes et dans les maisons centrales, par le docteur Raoul Chassinat.

Lettres sur Mettray, par Émile de Girardin.

De l'expatriation pénitentiaire, par H. Ferrus.

Observations sur l'établissement permanent en Angleterre de la déportation, et sur l'utilité en France de son établissement transitoire, par Charles Lucas.

Du système pénitentiaire, par B. de Castelnau.

Discussions des projets de loi sur les prisons et les jeunes détenus, dans le *Moniteur*.

Procès-verbaux imprimés des délibérations des conseils généraux des départements.

Instructions, règlements et circulaires du ministre de l'intérieur sur les prisons civiles, du ministre de la marine sur les bagnes et établissements pénitentiaires de la Guyane, du ministère de la guerre sur les pénitenciers militaires.

Des crimes et des peines, par Beccaria.

Des peines et des récompenses, par Bentham.

System of penal laws, by Addington.

Penal Statutes, by Addington.

Memorandum on the construction of military prisons.

Reports relating to parkhurts prisons, 1839, 1840, 1841, 1842, 1843, 1844, 1845, 1846, 1847, 1848, 1849.

Report from select Committee of the House of Lords.

First, id. id.

Second report from his Majest'ys Commissionners on criminal law.

Tables of criminal offenders, Scotland.

Reports of Inspectors of prisons.

Adress to the Congress assembled at Frankfort.

Report on the discipline and management of the convict prisons, by lieutenant-colonel Jebb.

Report on the construction, ventilation and details of Pentonville prisons.

Our present gaol system deeply depraving to the prisoner, by Adsead.

Observations on the separate system of the discipline, by lieutenant-colonel Jebb.

Fourteenth annual report of the Inspectors of the easte rnState penitentiary.

Annual reports of the managers of the Society of juvenile delinquents in the city and state of New-York.

Nous ne pouvons citer tous les documents officiels et tous des ouvrages publiés à l'étranger sur les questions pénitentiaires. Nous mentionnerons seulement les noms de quelques-uns de leurs auteurs les plus considérables et en circonscrivant surtout cette nomenclature dans l'époque la plus récente. — En ITALIE : Filangieri, Peruzzi, Cattaneo, Monpiani, Orioli, Porro, Morichini, Caldericci, Torrigiani, Saleri. — En DANEMARK : David, conseiller d'État, directeur des prisons ; docteur Fenger. — En ESPAGNE : Ramon de la Sagra. — En ALLEMAGNE : Docteur Jubry, docteur Varrentrap, Hudtwalker, Friis, Noëlner, Harnier, Guinderrode, Grabowski, Mack, Usener, de Würtz, Jageman, docteur Ascher, Romberg. — En SUÈDE : le prince Oscar, Netzel, major Helm, Geijer, Rotch. — En HOLLANDE : Suringar, Mollet, Dentex, Gevers, Warsink, de Baumaner, Van Gendt. — Aux ÉTATS-UNIS D'AMÉRIQUE : docteur Darrach, docteur Bache, Thomas Bradford, Samuel Wood, Thempson, Thomas Larcombe, Lieber, Haviland, Smith, Summer. — En ANGLETERRE : Howard, Reeves, Crawford, W. Russell, major Jebb, Chalwich, Nihil, Howard Livingston, Pringle, miss Harriet Martineau, Élisabeth Frye, Macomchie, Field, Reading.

Cette bibliographie n'est certainement pas complète, principalement en ce qui concerne les ouvrages antérieurs à l'époque actuelle, mais elle fait connaître toutes les publications importantes et classiques, celles surtout qui sont relatives au système de l'emprisonnement cellulaire, objet principal de cette publication. Nous espérons que telle qu'elle est, elle pourra être utile aux administrateurs, aux jurisconsultes et à toutes les personnes qui s'occupent des graves questions de la pénalité et de son application.

PARIS. — IMPRIMERIE CENTRALE DE NAPOLÉON CHAIX ET Cᵉ RUE BERGÈRE, 20.

www.ingramcontent.com/pod-product-compliance
Ingram Content Group UK Ltd.
Pitfield, Milton Keynes, MK11 3LW, UK
UKHW012112240726
13965UKWH00004B/1718

9 782013 070553